AF313062

MÉMOIRE

MM. PAVIE, BLONDEL ET CIE, BANQUIERS A PARIS,

Plaidant par le fondé de pouvoirs soussigné ;

EN PRÉSENCE

De M. NICOLLE, Syndic de la faille Lemasle et Cie ;
Me OLIVIER, avocat à Mortagne ;

CONTRE

MM. les COMMANDITAIRES de la maison de banque Lemasle et Cie,

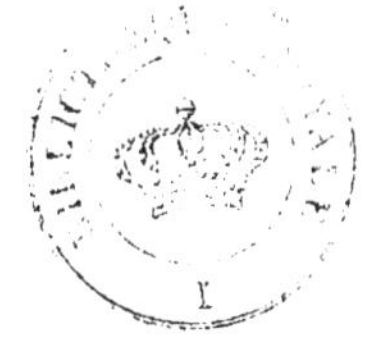

M^{es} DE MORLAC, avocat à Verneuil ;
ROUSSELET,
COQUERET, } avocats à l'Aigle,
LEROY, avocat à Mortagne.

TRIBUNAL DE COMMERCE DE L'AIGLE.

MESSIEURS :

HUREL-MASSON, président ;
PINAT,
DURVAL aîné, } juges.

OBJET DE CE MEMOIRE.

Retracer rapidement et à grands traits :

Les faits de la cause;

La discussion;

Et la réfutation en quelques mots des moyens *nouveaux* produits par les adversaires dans leurs répliques.

Tel sera l'objet de ce précis.

§ 1er. Le résumé des faits.

Le 29 février 1840, le sieur Lemasle fait faire le dépôt et l'affiche au greffe du tribunal de commerce de l'Aigle, de l'extrait d'un acte contenant constitution d'une *société en commandite* sous le titre de *Banque du commerce*, et portant en outre : «Que la raison sociale » est Lemasle et comp.; que les affaires de la société sont adminis- » trées par M. Lemasle, directeur-gérant, qui a seul la signature ; » que le capital primitif est de 150,000 francs, représenté par 300 » actions de 500 francs chacune; qu'il peut être élevé à 400,000 fr.; » que la durée de la société est fixée à six années, devant com- » mencer à courir du jour de la constitution définitive constatée » par une déclaration à passer devant notaire par le directeur-gé- » rant; enfin que cette déclaration doit être faite aussitôt le *place- » ment de 100 actions effectué.*»

Le 10 avril 1840, nouveau dépôt au greffe et publication de l'extrait d'une déclaration reçue par Me Desmousseaux, notaire à l'Aigle, le 7 avril même année, ainsi conçue : « M. Jacques-Louis

» Lemasle-Godefroy, négociant-banquier, sous la raison Lemasle
» et comp., a déclaré que le nombre d'actions *voulues* pour la con-
» stitution de la société *étant placé*, ladite société était définitive-
» ment constituée, et que sa durée commencerait à courir du
» 7 avril 1840. »

Notons en passant que cette déclaration était mensongère et fa-
buleuse; les 100 actions n'étaient pas *placées !!!*

Le même jour, les commanditaires, au nombre de neuf, se réu-
nirent au siége de la Société, en assemblée générale, et arrêtèrent
une délibération dont nous croyons devoir donner *copie entière*.

Voici ses termes :

« Aujourd'hui, sept avril mil huit cent quarante, en exécution :

» 1° De l'acte de société reçu par Mᵉ Desmousseaux, notaire à
l'Aigle, ce vingt février mil huit cent quarante ;

» 2° De l'article 20 dudit acte ;

» 3° Et de la constitution définitive de ladite Société, résultant de
la déclaration qu'en a passée le directeur-gérant, devant le notaire
déjà nommé, cejourd'hui même,

» Se sont réunis, en assemblée générale, MM. les actionnaires dont
les noms suivent, à l'effet de nommer les membres devant composer la commission de surveillance :

» 1° Jacques-Louis Lemasle, directeur-gérant, demeurant à
l'Aigle;

» 2° Jean-Jacques-Romain Butey-Morin, négociant, demeurant à
l'Aigle;

» 3° Frédéric-Maurice Jourdan, maréchal, demeurant à
l'Aigle;

» 4° Louis-Symphorien Guerrée, propriétaire, demeurant à
l'Aigle;

» 5° Jacques Barbay, propriétaire, demeurant à l'Aigle;

» 6° Philémon Semel, dit Saint-André, sellier, demeurant à
l'Aigle;

» 7° Michel Gauman, cafetier, demeurant à l'Aigle ;

» 8° Jean-Louis Lecointe, jardinier fleuriste, demeurant à Saint-Sulpice-sur-Rille ;

» 9° Pierre Maricot, boulanger, demeurant à l'Aigle ;

» 10° François-Moïse Parfait, tailleur, demeurant à l'Aigle ;

» Lesquels ont dit inutile et déclaré à l'unanimité ne pas avoir besoin de composer un bureau pour l'élection, par bulletin secret, des membres de la commission de surveillance, préférant qu'ils soient nommés à la pluralité des voix.

» En conséquence, et après avoir délibéré, ils ont seulement été d'avis de nommer un secrétaire ; ils ont à cet effet désigné M. Philémon Semel, dit Saint-André, fonction qu'il a acceptée, et ont élu à la pluralité des voix, comme membres composant la commission de surveillance, et à l'unanimité, MM.

» Butey-Morin, négociant,

» Jourdan, maréchal,

» Et Barbay, propriétaire.

» Ces messieurs, *après avoir accepté cette fonction, ont promis de se conformer aux dispositions de l'acte de société.*

» Fait et délibéré à l'Aigle, en la maison de la Société, au domicile de M. Lemasle, directeur-gérant, les jour, mois et an que dessus.

» Signé : Jourdan, Semel, Parfait, Maricot, Gauman, Butet, Lecointe, Jacques Barbay, Guerrée et Lemasle et comp. »

Malgré le *vice* que nous venons de signaler, la Société est définitivement constituée ! Les actionnaires, aussi peu scrupuleux que le gérant, se font ses complices en lui fournissant une commission de surveillance, instrument indispensable au fonctionnement de la société, et qui, soit dit en passant, réunissait dans ses mains des pouvoirs incompatibles avec la qualité de commanditaires.

Ainsi, par le concours et l'accord *indispensables du gérant et des commanditaires,* la banque Lemasle et compagnie est signalée au public comme ayant réalisé les conditions *indispensables à son existence,* c'est-à-dire un capital en caisse ou souscrit par des personnes solvables, de *cinquante mille francs.*

Nous avons déjà dit que cela était *faux !*

Mais laissons M. Lemasle et sa commission de surveillance travailler pendant une année, et arrivons de suite à la deuxième délibération. Il est curieux d'assister à ce premier partage de bénéfices dus à l'activité du gérant et à la sagesse de la commission.

Nous sommes au 16 février 1841.

La scène se passe au siége de la Société ; le gérant est assis à une table ronde ; une de ses mains est posée sur un livre : c'est le *livre des inventaires ;* l'autre est appuyée sur un *sac :* c'est la *balance des profits et pertes matérialisée.*

Chacun prend place autour du tapis vert. Le gérant fait l'exposé de la situation de la Société (il va sans dire qu'elle est des plus florissantes), et, au milieu d'un profond silence, il annonce que le capital social s'élève à 23,000 francs ! Un membre indiscret de l'assemblée allait s'écrier : Comment ! il y a déjà. . . . . . 27,000 francs de pertes !!... Mais il n'eut pas le temps de finir sa phrase ; le gérant, que l'interruption n'avait guère intimidé, annonçait en même temps *neuf pour cent d'intérêts et dividendes, dans la première année* (1). C'était plus qu'il n'en fallait pour déconcerter l'interrupteur malavisé : la satisfaction qui régnait sur tous les visages le rendit presque honteux d'avoir eu la mauvaise pensée de demander une explication à un si bon et si lucratif gérant. TOUCHER NEUF POUR CENT EN HUIT MOIS ! ET SE PLAINDRE !... Allons donc ! cela ne s'est jamais vu !...

Voilà la première partie de la scène ; la deuxième n'est pas moins curieuse. Mais en racontant nous pourrions affaiblir le mérite de cette pièce étrange, nous aimons mieux citer textuellement ; la voici :

« Aujourd'hui seize février mil huit cent quarante et un,

» Sur la convocation adressée par le directeur-gérant aux mem-

---

(1) Et cette première année n'était que de huit mois sept jours, ayant commencé le 7 avril 1840 et fini le 31 décembre, même année.

bres devant composer la commission de surveillance de la Société créée suivant acte passé devant M⁰ Desmousseaux, notaire à l'Aigle, le sept avril mil huit cent quarante, à l'effet de vérifier, approuver ou contredire les opérations de commerce, depuis la création de la Société jusqu'au trente et un décembre dernier, se sont réunis messieurs :

» 1° Butey-Morin, négociant, membre en exercice;

» 2° Lecointe, jardinier, porteur de sept actions;

» 3° Gauman, limonadier, porteur de quatre actions;

» 4° Jourdan, maréchal, porteur de trois actions;

» *Lesquels, après avoir entendu le rapport qui précède, du directeur-gérant, ont vu, vérifié et comparé, tant les livres de la Société que l'inventaire des opérations faites depuis le sept avril mil huit cent quarante jusqu'au trente et un décembre (même année), l'ont* APPROUVÉ, *ainsi que les comptes et l'inventaire qui leur ont été présentés, sans avoir trouvé qu'il y eût chose* QUELCONQUE A CONTREDIRE. C'est pour cette raison qu'ils reconnaissent avoir reçu tant les intérêts à cinq pour cent que le dividende revenant à chaque action, et s'élevant à quatre pour cent.

» Il a ensuite été procédé à l'élection des membres devant composer la commission de surveillance pour l'année courante; *le sieur Barbay étant déchu du droit d'être actionnaire, faute d'avoir versé dans les délais déterminés par l'acte de Société.*

» Cette élection a eu lieu à haute et intelligible voix, ainsi qu'il suit:

» Sont nommés membres de la commission de surveillance :

» 1° M. Butey-Morin, réélu;

» 2° M. Jourdan, *id.*

» 3° M. Gauman, membre élu en remplacement du sieur Barbay; lesquels ont accepté cette fonction, ayant promis de se conformer aux dispositions de l'acte de société.

»Fait et délibéré à l'Aigle, en la maison de la Société, au domicile de M. Lemasle, directeur-gérant, les jour, mois et an que dessus. »

Suivent les signatures :

Mais oublions un instant le ton burlesque et emphatique de ce digne aréopage, et ne voyons que le fait. Que penser d'hommes qui, comme on le verra plus tard, *tenus par devoir de veiller à l'emploi du fonds social*, prêtent un concours indispensable à la constitution de la Société, sans s'assurer si ce fonds social existe ?

Quelle opinion avoir de ces commanditaires, quand on les entend déclarer avoir tout *vu*, tout *vérifié*, et n'avoir *trouvé chose quelconque à contredire ?* quand le capital, qui a été annoncé aux tiers par les publications comme devant être de 5o,ooo francs, « n'est que de 23,000 francs? Le public ignore cette dernière circonstance ; il compte sur 5o,ooo francs. »

Et vous ne trouvez rien à dire? Mais vous vous rendez ainsi les complices du gérant!

Ce n'est pas tout; vous prenez des mesures qui ont pour effet d'empêcher la réalisation de ce capital promis au public, sur lequel les tiers déjà ont dû compter, qui est devenu leur gage du jour où la Société a été définitivement constituée. Eh bien! sans respect pour les droits des tiers, vous déclarez décharger vos commanditaires de faire leurs versements. Les uns étaient insolvables, ou à peu près ; mais d'autres, et ceux qui sont assignés notamment, étaient parfaitement en état de payer; dans quel but les décharger? Mais, en faisant cela, vous avez *aliéné*, *détruit* le capital social; mais, à partir de cette délibération, vous n'êtes plus dans les conditions de la Société: vous l'avez *anéantie.* Et cependant la Société marche toujours, mais comme marche un malade; et les statuts sociaux, imprimés et *distribués* avec luxe, vous font apparaître, vous commanditaires, comme *chargés* de veiller à l'emploi du fonds social. Veiller à l'emploi d'une chose qui n'existe *pas !!...*

Et tout cela se fait à petit bruit; le public l'ignore. Le crédit *arrive* à Lemasle, et *vous vous taisez !!* rien ne transpire... Mais il faut le proclamer bien haut: il n'y avait plus de Société Lemasle et compagnie. Vous l'aviez détruite, nous venons de le dire; sa dissolution aurait dû être publiée après votre trop fameuse délibération.

Après cette délibération, vous n'êtes plus les commanditaires de Lemasle; vous êtes les complices et les instruments d'un homme qui n'obtient du crédit qu'à cause de vous, et qui, à vos yeux, se livre au plus effréné dévergondage de papier de complaisance et de valeurs frauduleuses, sans que vous trouviez chose quelconque *à contredire*: « ce sont vos paroles. »

Avouez que nous sommes modérés de nous adresser à la justice paternelle du tribunal de commerce; à de tels faits on donne souvent d'*autres juges :* nous l'avons dit, nous vous le rappelons.

Chaque année amène la même représentation, avec les mêmes formules sacramentelles et élogieuses! Messieurs les actionnaires ont *tout vu*, *tout vérifié*, *tout comparé*, *tout approuvé*, *sans trouver chose quelconque à contredire*.

Pour eux tout est pour le mieux et dans le meilleur des mondes possibles! toujours, bien entendu, en *touchant intérêts* et *dividendes*.

En 1844 cependant arrive une variante :

Le gérant annonce, dans son compte-rendu, que la Société n'a point fait de bénéfices; qu'elle ne peut payer que 5 pour o/o nets. En même temps, il avoue le mauvais état de la Société et propose des mesures qui ne sont ni plus ni moins qu'une véritable dissolution.

Ces propositions ne sont point accueillies par la commission de surveillance, qui refuse de délibérer, laisse le mal s'aggraver, ou plutôt l'aggrave elle-même par son silence.

A cette époque, et nous sommes au commencement de 1844, la banque Lemasle et Ce était de fait en état de faillite.

Cependant, à l'aide de manœuvres honteuses, dont au reste elle ne s'était pas privée dès son commencement, elle retarde sa chute, et la faillite n'est déclarée qu'à la fin de 1845.

A cette époque, *des circonstances* que le tribunal connaît **nous** amènent à l'Aigle. Une fois sur les lieux, nous cherchons à **nous** éclairer sur la *position de Lemasle et comp.*, sur *son capital social,* et les causes de sa chute.

A cet effet on nous communique les livres, les inventaires, les registres des délibérations des actionnaires, enfin les statuts sociaux.

Un examen attentif nous amène à constater :

1° Que l'acte de société Lemasle et comp. n'a de commandite que le nom; que les dispositions des art. 14, 3° §, 20, 21 et 23, sont incompatibles avec l'art. 27 du Code de commerce, et qu'ainsi la société Lemasle et comp. est une société pure et simple et en nom collectif;

2° Que, la société fût-elle en commandite, les actionnaires sont devenus, par délibération du 7 avril 1840, en s'associant à des actes de fraude et en contribuant à faire croire à un actif et à un crédit imaginaires, responsables vis-à-vis des tiers trompés par leur faute;

3° Que, par leur délibération du 16 février 1841, les actionnaires ont aliéné une partie du capital social et sont devenus des commanditaires *immiscés*, et, comme tels, *responsables ;*

4° Qu'au nombre des actions indiquées comme souscrites dans la déclaration du 7 avril, CINQUANTE-SIX N'ÉTAIENT POINT VERSÉES ;

5° Que ceux des actionnaires qui avaient versé s'étaient attribué, par l'intermédiaire de la commission de surveillance, des prélèvements d'intérêts et dividendes, alors qu'il n'y avait que des pertes;

6° Qu'enfin la faillite Lemasle et comp. présentait des caractères de fraude et de malversation de toute nature commises avec *l'approbation expresse* de la commission de surveillance.

§ 2. Résumé de la discussion.

C'est en raison des faits qui viennent d'être brièvement analysés que nous avons formé contre les commanditaires Lemasle et comp. la demande dont le tribunal est saisi.

Tous les assignés ne sont pas responsables au même degré, d'où la nécessité des catégories que nous avons établies.

1° Contre les uns nous demandons la responsabilité indéfinie, à raison de la fraude à laquelle ils se sont prêtés en aidant à la constitution d'une société qui reposait sur un capital imaginaire.

2° Contre la commission de surveillance, nous réclamons la même responsabilité :

1. Parce qu'il résulte des termes de l'acte social qu'elle avait dans les mains des pouvoirs qui en faisaient un gérant *réel*, mais *occulte*, placé sur la même ligne que le gérant apparent;

2. Parce qu'elle s'est de fait ingérée dans les affaires de la Société en aliénant le capital social par la déclaration de déchéance des commanditaires en retard de verser leur mise.

3° Contre d'autres nous demandons la condamnation en paiement des actions par eux souscrites et non versées.

4° Enfin à une autre partie nous réclamons le rapport des intérêts et dividendes par eux indûment perçus.

Pour justifier ces diverses demandes nous avons dit :

Sur le premier chef:

De l'ensemble des deux publications des 29 février et 10 avril 1840, il est résulté pour les tiers la certitude, la confiance que cent actions étaient souscrites ou, ce qui revient au même, qu'en traitant avec Lemasle, gérant de la compagnie Lemasle et comp., on avait en vue une garantie *assurée* de 50,000 francs qui pouvait encore augmenter par le placement éventuel de deux cents autres actions restant disponibles.

On ne saurait nier que c'est à sa qualité de gérant plutôt qu'à sa personne, que Lemasle a dû le crédit (même modeste) dont il a joui.

Cependant les cent actions n'étaient pas souscrites au moment de la *dernière publication*; et sur ce point seulement les adversaires nous résistent fortement, et affirment le contraire : ils veulent que la *condition indispensable* à la constitution de la Société, *à savoir, le placement de* 100 *actions*, fût réalisée au moment où, à la date du 7 avril, ils ont *reconnu l'existence légale de la So-ciété.*

Rien, dit-on, n'est plus inflexible que les chiffres! Comment donc se fait-il que nous soyons en désaccord avec eux sur la plus simple et la plus modeste addition?

Nous trouvons, nous, qu'il était souscrit au 7 avril quatre-vingt-trois actions.

Nos adversaires prétendent, eux, que la souscription s'élevait à ladite époque à cent trois.

La différence entre leur chiffre et le nôtre provient de ce qu'ils comprennent au nombre des souscripteurs, Lemasle pour vingt actions.

Ils sont certainement dans l'erreur, et nous espérons le démon-trer.

Légalement, on ne peut nous opposer de l'acte social que les dispositions rendues publiques. Eh bien! qu'on lise avec attention les deux publications que nous avons transcrites au commencement de ce précis, nous défions qu'on y trouve, soit dans leur lettre, soit dans leur esprit, quoi que ce soit qui prête à l'interprétation des adversaires, quelle que soit d'ailleurs l'élasticité de leur argumen-tation.

Nous soutenons au contraire que par ces publications, et en se servant des termes *placement effectué*, on a entendu parler d'un placement d'actions dans des mains autres que Lemasle!

Et dans quel but, en effet, annoncer au public, par la voie de ces publications, que la Société ne sera constituée qu'après placement de cent actions? Évidemment, pour faire connaître qu'à côté du gérant, indéfiniment responsable par sa seule qualité et la force de la loi, il y a sinon des hommes, du moins des capitaux jusqu'à con-currence de cent actions engagés avec lui.

Les actes que nous invoquons ne supportent pas un autre rai-sonnement.

Cependant on insiste contre l'évidence; cela se comprend, la QUESTION EST CAPITALE.

On se sent accablé par les dispositions rendues publiques; on cherche un refuge dans celles qu'on a maintenues secrètes.

Les armes les plus à redouter, dit-on, sont celles qui ont été les plus soigneusemeut cachées. Nous croyons dans l'espèce le principe très peu applicable, et nous l'abordons franchement.

On nous oppose dans le pacte social l'art. 13, § 2, ainsi conçu : « Il (le directeur-gérant) prend l'engagement de contribuer jusqu'à » concurrence de vingt actions *au moins* à la formation du capital » social »

Et on conclut de là que le gérant a pu *comprendre, et les commanditaires admettre*, vingt actions au nom du gérant lui-même pour compléter le nombre de cent voulu pour la constitution définitive.

Nous pourrions, et avec succès peut-être, démontrer que ce raisonnement est forcé, et que l'art. 13 ne doit pas être interprété ainsi; car il impliquerait une contradiction avec l'art. 3, qui se sert aussi de l'expression de *placement de cent actions effectué*, en parlant de la constitution définitive de la Société. Mais passons. Vous invoquez les dispositions de l'acte social non rendues publiques. Imprudents! C'est pour vous une arme à deux tranchants; elle est peu meurtrière, mais si vous en faites usage elle vous blesse.

Vous avez fait valoir l'art. 13. Eh bien! provisoirement nous l'admettons, mais à une condition : c'est qu'au moins les vingt actions que vous attribuez au gérant seront libérées; vous en aurez vu les fonds dans la caisse de la Société; votre commission de surveillance au moins, *usant de ses pouvoirs illimités*, les aura vus; car enfin c'est avant tout le *résultat* qu'il faut chercher dans une pareille situation. Eh bien! le résultat, c'est 10,000 francs d'espèces; le gérant les avait-il versés? Non!! Les a-t-il au moins versés pendant la première année? Non encore!!

Au moment où vous vous partagez *neuf pour cent* de bénéfices fantastiques, le gérant n'avait pas versé un centime dans la caisse de la Société ; *en ce qui le concernait, le capital social se réduisait à une créance sur le gérant lui-même.*

Et cependant, en supposant votre raisonnement fondé, après l'art. 13 que vous invoquez, arrive un art. 15 qui vous obligeait à faire effectuer immédiatement le versement du gérant ou à rejeter ses vingt actions. Que dit, en effet, l'art. 15? « Que les actions, » pour le montant desquelles le gérant contribuera à la formation du » fonds social, ne seront détachées du registre à souche, qui restera » déposé aux mains du notaire de la Société qu'après l'apurement » des comptes du directeur-gérant, ces actions étant *offertes* par le » gérant et *acceptées par la Société* à titre de *nantissement* pour » l'exécution des engagements du gérant. »

Ce texte est parfaitement clair; il annonce d'une manière non équivoque que, pour être admises au nombre de celles destinées à la formation du capital social, les actions du gérant devaient d'abord être libérées ; car, sans cela, elles étaient sans valeur, et assurément personne ne donne ou n'accepte en nantissement un objet d'une valeur *nulle.* Il fallait donc les retrancher de la liste des 103, et alors il restait, comme nous l'avons dit, une souscription de quatre-vingt-trois actions seulement, et dans ce cas, il ne pouvait y avoir de Société.

Il est constaté par les livres et inventaires que Lemasle a été plus de deux ans pour faire son versement, et encore ne l'a-t-il fait que d'une manière FICTIVE, c'est-à-dire en se débitant personnellement ; ce qui revient à dire que, soit à un titre, soit à un autre, Lemasle était toujours débiteur envers la Société de ses 10,000 francs d'actions à quelques centaines de francs près.

Mais démontrons d'un trait de plume la fausseté de votre système.

Lemasle, dites-vous, avait le *droit* d'être compris dans la liste des actionnaires pour vingt actions! C'est là votre langage, et vous l'appuyez sur ces expressions de l'acte : « Il (le gérant) prend l'enga-» gement de contribuer jusqu'à concurrence de vingt actions *au* » *moins* à la formation du capital social. »

Nous vous avons déjà répliqué que l'interprétation que vous faites de ce passage de l'art. 13 est forcée et en désaccord avec l'art. 3 et l'art. 15. Mais enfin admettons que vous soyez dans le vrai, et poussons votre raisonnement jusqu'à ses dernières limites. Si Lemasle a le droit d'être compris pour vingt actions dans les cent actions en question, il a assurément celui d'y être compris pour quatre-vingt-dix-neuf actions; le « au moins vingt » que vous invoquez *permet* assurément un chiffre plus élevé que vingt! A quelle limite, s'il vous plaît, allez-vous vous arrêter? Il n'y en a pas! Vous ne pouvez, pour être conséquents avec vous-mêmes, vous refuser à attribuer au gérant quatre-vingt-dix-neuf actions aussi bien que vingt.

Direz-vous dans ce cas que vous êtes dans l'esprit des parties de l'acte non publiées? assurément vous ne le diriez pas.

Vous voyez qu'avec votre hypothèse on tombe dans l'absurde; votre principe est mathématiquement faux.

En outre, que direz-vous de la solvabilité plus que douteuse de certains actionnaires que vous ne pouviez certainement considérer comme actionnaires sérieux?

Que direz-vous de la *moralité* de ces souscriptions? Elles ont dû, messieurs les commissaires, passer sous vos yeux.

Que dites-vous entre autres de la souscription de Pillard? Vous savez notre avis à ce sujet; vous n'ignorez pas la pénible impression de l'opinion publique à la simple lecture faite à l'audience de l'adhésion de ce brave homme.

Il vous suffisait de lire cette pièce *criminelle* pour la juger; et vous avez dû la lire : c'était votre devoir.

Comment donc, encore une fois, en présence des faits qui ont été déroulés à l'audience et que nous n'avons nullement l'intention de reproduire, avez-vous prêté votre *indispensable concours* à la banque Lemasle et comp.?

Comment surtout, après avoir *tout vu, tout vérifié, tout comparé*, ne trouvez-vous *rien à contredire* ?

Mais vous aviez dans les mains des pièces fausses ou altérées, et.

vous trouvez cela *bien!* Mais les livres que vous dites au moins avoir vérifiés, ces livres, pour nous servir de l'expression d'un des défenseurs, ils sentent la fraude à une lieue! Ouvrez-les, n'importe à quelle page, et vous y trouverez la constatation d'opérations fictives; vous y trouverez mille preuves irrécusables d'un crédit qui ne se soutient que par des valeurs de *complaisance* et *de fraude.* Qu'est-ce que ces valeurs Demalleville, Denos, Trottin, Loche, Leroy et tant d'autres ?

Et, après avoir prêté votre concours à de pareils actes, vous discutez votre responsabilité!!

De tels faits méritent un châtiment.

On a plaidé pour vous des *circonstances atténuantes*, nous les avions admises à l'avance; le choix de nos juges vous le prouve.

Vos familles n'entendront pas dire à leurs oreilles que vous êtes allés vous asseoir sur certain banc, *où peut-être l'on va à moins;* mais aussi notre modération ne saurait nous préjudicier : vous serez condamnés, et vous paierez.

C'en est assez, et, pour nous résumer sur ce point, nous disons :

Les vingt actions de Lemasle ne doivent pas être comprises dans les cent annoncées comme placées.

Il répugne au bon sens de prétendre le contraire, même avec l'acte de société à la main.

Dans tous les cas, les parties de l'acte non rendues publiques ne peuvent nous être opposées, et il résulte de celles publiées que les cent actions devaient être souscrites en dehors de Lemasle. Donc la Société est entachée d'un vice originel, qui est le fait du gérant et des commanditaires, et qui a eu pour résultat de tromper les tiers.

Que c'est le cas d'appliquer l'art. 1382 du Code civil aux commanditaires qui sont la cause de tout le mal, puisque, sans leur participation à la constitution de la société, par le fait de la nomination d'une commission de surveillance, il n'y aurait jamais eu de banque Lemasle et comp.. et qu'aujourd'hui nous ne serions pas créanciers d'une société qui n'aurait dû jamais voir le jour, et qui, en réalité, n'a eu qu'une existence factice.

Sur le deuxième chef.

La commission de surveillance, sa responsabilité.

Premier moyen. — Les reproches que nous venons de formuler contre les neuf commanditaires qui ont concouru à la formation prématurée de la société sont applicables, à plus forte raison, à la commission de surveillance, qui réunissait dans ses mains des pouvoirs *considérables*, et qui a *laissé faire ou accepté, sans trouver mot à dire*, toutes les malversations dont l'audience a retenti, et qui sont assurément encore présentes à l'esprit de nos juges.

Le défenseur de la commission, malgré son remarquable talent, n'a pas réussi à la disculper; disons plutôt qu'il ne l'a pas même tenté.

Les faits sont là, et en assez grand nombre; ils sont tellement précis que la plus vaste imagination ne saurait équivoquer sur leur gravité.

Aussi les membres de ce comité se sont placés sur un terrain plus commode que celui de la discussion.

Ils arrivent devant le tribunal et disent :

« M. Lemasle nous a trompés, nous ne savions ce que nous fai- » sions; nous avons cru à sa parole, et nous avons signé de con- » fiance tout ce qu'il nous a présenté à signer; nous n'avons *rien* » *vu, rien vérifié, rien comparé*, et c'est pour cela que *nous n'avons* » *trouvé chose quelconque à contredire.*

» Nous sommes innocents de tout le mal dont on nous accuse. » Ne sommes-nous pas de bons pères de famille? *des gens simples ?* » bons citoyens? En voilà plus qu'il n'en faut pour repousser la » demande de MM. Pavie, Blondel et Cie. » Et puis ils ajoutent : « Voyez nos personnes, interrogez nos capacités, nos aptitudes,

» en un mot notre degré d'intelligence, et il vous sera répondu
» que nous sommes *incapables* de remplir la mission de commis-
» saires surveillants de la banque Lemasle et comp. »

Cette manière de se défendre a un *à-propos* que nous sommes
loin de contester.

Nous l'avons dit, et nous le répétons parce que c'est notre pensée,
tous ces hommes sont victimes des intrigues de Lemasle.

Mais qu'est-ce que cela a de commun avec notre réclamation?
Est-ce parce que vous avez à vous plaindre de Lemasle qu'il faut
que nous souffrions dans nos intérêts de votre trop grande confiance dans ce personnage?

Il ne fallait pas signer sans savoir ce que vous signiez.

Il ne fallait pas accepter des fonctions que vous ne pouviez pas
remplir.

Vous n'êtes point interdits!

Vous n'êtes point sous la puissance d'un conseil judiciaire!

Vous vous délivrez un brevet d'incapacité qui ne peut vous sau-
ver.

Vous avez fait une folie, soit.

Mais votre folie nous porte un préjudice, vous le réparerez.

On peut sans doute faire sur ce chapitre de fort belles ré-
flexions philosophiques, mais on ne détruira pas le *fait du dom-
mage ni le principe de la responsabilité.*

Deuxième moyen. — Nous disons en outre à la commission de
surveillance : Vous avez aliéné le capital social en déchargeant
Barbey, l'un de vous, de faire son versement; il n'y a pas un mot à
répondre. Cependant on nous répond : « Ce n'est pas la commis-
» sion qui a déclaré Barbey déchargé de faire son versement, c'est
» Lemasle. » A cela nous répliquons : que l'acte duquel résulte cette
décharge est un acte qui rentre par sa nature dans les attributions
particulières de la commission de surveillance; qu'il est transcrit
sur le livre de ses délibérations, et que s'il est signé par Lemasle,
ainsi d'un reste que le sont toutes les autres délibérations, il est éga-

lement signé par les actionnaires, et qu'ainsi il n'est pas rationnel de
vouloir que cet acte ne soit que l'œuvre du gérant plutôt que d'être
l'œuvre commune de tous ceux qui l'ont signé.

L'objection n'était pas sérieuse, nous n'insistons pas.

Il demeure donc acquis dès à présent au procès que les commanditaires ont aliéné par cet acte une partie du capital social.

Il a été démontré avec une grande puissance de logique par
M⁰ Olivier, le défenseur des intérêts de la masse des créanciers,
qu'un tel acte constituait l'*immixtion* du commanditaire, et entraî-
nait sa responsabilité indéfinie. Ni dans leurs plaidoiries, ni dans
leurs répliques, les adversaires n'ont hasardé une réponse.

Troisième chef.

**Paiement de la commandite par les actionnaires qui ne l'ont pas versée
dans la caisse sociale.**

M⁰ De Morlac est le défenseur de la catégorie des assignés en
paiement de leur commandite. Homme de savoir et de science, il
n'a pas contesté le principe de notre réclamation, et en cela il n'a
pas peu contribué à abréger la discussion : seulement il nous pré-
tend non recevables, parce que ses clients seraient *aussi les victimes*
de Lemasle. On aurait abusé de leur bonne foi; on aurait *falsifié*
leurs adhésions. Enfin leurs souscriptions d'actions seraient nulles
comme ne portant pas la mention de *fait double*.

Il a été répondu : qu'il ne fallait pas attendre si longtemps pour
se plaindre d'un abus de confiance, après tout, difficile à vérifier,
et qui dans tous les cas ne nous était pas opposable.

Que pour les *falsifications* dont on se prévalait, le seul moyen
de les invoquer *utilement* était l'inscription de faux.

Que pour la nullité résultant du défaut de mention de *fait double*
sur les adhésions, ces adhésions étaient des actes *unilatéraux*. Sur
ce chef encore la demande est fondée.

Quatrième chef.

Le rapport des intérêts et dividendes.

Cette question est sans contredit celle qui importe le moins à chacune des parties belligérantes, et cependant elle a été l'objet d'une discussion très longue et très approfondie. Nous ne voulons que signaler les moyens qui ont été plaidés.

Il a été dit que quand la société est en perte, il ne peut être fait aucun prélèvement soit à titre d'intérêt soit à titre de dividendes, parce que, dans ce cas, les prélèvements se font sur le capital et que la loi *veut* que, à défaut de leurs personnes, le capital des commanditaires soit pour les tiers une garantie sérieuse.

Et comme conséquence, ou plutôt comme sanction de ce principe, que le commanditaire qui a reçu est tenu de rapporter.

Les adversaires nous ont combattu en invoquant la jurisprudence *constante*, disent-ils, en leur faveur.

Nous leur avons répliqué en nous plaçant sous la protection de la même jurisprudence, *constante aussi en notre faveur*, avons-nous prétendu et prouvé par la lecture d'arrêts que nous ne voulons ni transcrire ni analyser, mais que nous indiquons :

Arrêts de la cour de Riom, 14 décembre 1807,
— cour de cassation, 14 février 1810,
— cour de Paris (audience solennelle), 11 février 1811,
— cour de Colmar, 4 février 1819.

Une seule question sur ce chef reste à examiner, c'est la question de bonne foi.

Notre définition ne convient pas à nos adversaires; la leur ne nous va pas davantage : pour nous départager, nous leur proposons l'arbitrage de M. Delangle; voici à ce sujet comment s'exprime ce savant jurisconsulte :

« Il y a bonne foi si, au moment où les dividendes ont été distribués, le bénéfice était réel; c'est-à-dire si, balance faite de l'actif et du passif, l'actif certain, réalisé, excédait le passif de la somme dont les associés commanditaires ont profité; car en ce cas seulement il y a bénéfice. Toutes les fois que la différence de l'actif sur le passif n'est point encore encaissée, et qu'il y a des recouvrements à faire, quelque rassurantes que soient les apparences, ce n'est qu'une espérance; et la plus légitime espérance n'autorise point un prélèvement. Une faillite imprévue peut, en effet, abaisser l'actif au-dessous du passif, et modifier à ce point l'état financier de la société, que le dividende soit prélevé sur le capital. Or, il n'est pas possible, quand les créanciers réclament leur paiement, qu'à la place des écus qui devraient se trouver dans la caisse, on leur donne des titres sans valeur, des actions contre des faillites, des recours dont l'inutilité est constatée d'avance.

Mais comment le commanditaire saura-t-il ces détails? Ne suffit-il pas pour mettre sa bonne foi hors de doute que le gérant accuse des bénéfices? Et quand, exposant les résultats d'une gestion que le commanditaire ne connaît pas, le gérant déclare que la prospérité de la société permet une distribution, le commanditaire n'a-t-il pas un juste sujet de croire qu'en effet il en est ainsi?

Non : là n'est pas la bonne foi telle que les lois la définissent; c'est la crédulité. La bonne foi suppose l'ignorance absolue des faits; elle ne protège celui qui l'invoque qu'autant que des investigations consciencieuses ne l'ont point éclairé. La bonne foi n'est pas compatible avec l'inaction, ou avec la volonté de ne pas s'enquérir de la vérité des choses; car cette inaction, cette volonté, si conformes d'ailleurs aux suggestions de l'intérêt personnel, peuvent trahir une complicité; elles constituent dans tous les cas une faute dont les conséquences doivent peser sur son auteur. »

En appliquant ces principes aux faits de la cause, la justice ordonnera la restitution des sommes touchées, n'importe à quel titre, par les commanditaires; car,

Ils ont *touché* lorsque le capital, annoncé aux tiers comme étant de 50,000 francs, n'était que de 23,000 francs, et que, par la même délibération où ils donnaient au gérant quittance de *neuf pour cent*, ils prenaient des mesures qui devaient empêcher pour jamais la réalisation des 50,000 francs, en vue desquels la Société avait été constituée.

Ils ont touché, alors que dans les inventaires il figurait comme actif des sommes dues par des personnes notoirement insolvables.

Ils ont touché notamment, en 1843, alors qu'à l'inventaire figurait comme actif une somme de 9,000 francs environ, due par une personne déclarée en faillite.

Les commanditaires savaient tout cela ; ils n'ignoraient rien, M. Butey-Morin surtout. Est-ce là de la bonne foi ?

Sur les moyens nouveaux produits dans les répliques des adversaires.

L'on nous dit *bravement*, quand on sait que nous ne pourrons pas répondre :

Mais, en déchargeant Barbey, la commission de surveillance ne vous a occasionné aucun préjudice ; car d'autres actionnaires nouveaux avaient souscrit, et à la rigueur on peut les considérer comme tenant lieu de Barbey.

Nous n'avons pas *bien compris* où on en voulait venir à l'aide de ce système de *compensations*.

L'esprit des publications et de l'acte de Société est celui-ci : « Le capital social est de 150,000 francs ; mais, avec 50,000 francs, la Société pourra marcher. »

Il résulte de là que les créanciers de Lemasle et compagnie ont pour *gage* non seulement les *indispensables* 50,000 francs souscrits au moment de la constitution définitive, mais encore tous les souscripteurs, jusqu'à concurrence de 150,000 francs, qui arrivent après la constitution.

Un actionnaire ne peut pas en *compenser* un autre, s'il n'y a accord entre eux, transfert du même titre l'un à l'autre.

En fait ; des cent trois actions prétendues placées au moment de la constitution de la Société, cinquante-six ne sont point *ver_sées ;* sur ces cinquante-six trente sont dues par des hommes en état de payer : ce sont les adversaires. Quant aux vingt-six autres, les personnes qui les ont souscrites sont ou hors de France ou en faillite ; et si à ce nombre il fallait ajouter les vingt actions de Lemasle, qui n'ont été libérées par lui qu'au moyen d'argent qu'il *empruntait* à la Société, on arriverait au chiffre monstre de SOIXANTE-SEIZE ACTIONS NON ENCORE VERSÉES EN CE MOMENT, et faisant partie des cent trois *sans lesquelles* la Société n'eût jamais existé.

On voit donc que nous avons bien raison de dire que ces cent trois actions n'étaient pas souscrites, ou au moins ne l'étaient pas sincèrement.

Le tribunal appréciera la moralité de ces faits, et il en sortira, nous n'en doutons pas, un enseignement salutaire pour les *simples* et les cupides, et un acte de justice pour les créanciers qui ont été trompés par toutes ces apparences et tous ces piéges tendus à leur bonne foi.

MENON.

Imprimerie de Bourgogne et Martinet, rue Jacob, 30.